OPINION

GÉNÉRAL BACHELU,

SUR LA SITUATION

DE LA FRANCE.

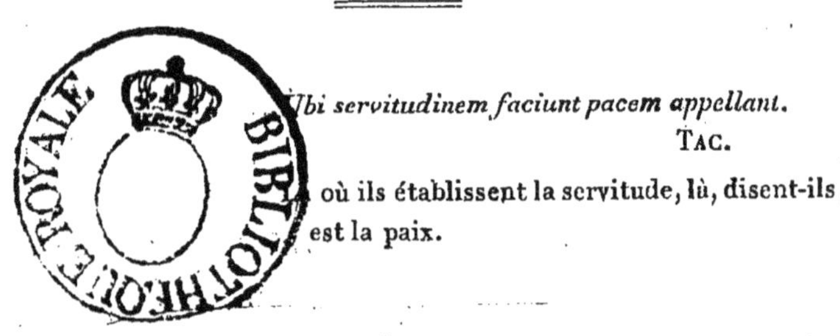

Ibi servitudinem faciunt pacem appellant.
TAC.

où ils établissent la servitude, là, disent-ils,
est la paix.

EN trois jours, un despotisme de quinze ans abattu ! ce fut l'œuvre des géans. On voit encore aujourd'hui que le peuple a passé par là.

Depuis sept mois, on se remue au milieu des ruines. On essaie de reconstruire ce qu'on a détruit.

D'où venons-nous ? de la révolution de juillet. Où allons-nous ? Dieu le sait ! — Quelques intrigans croient le savoir aussi.

Le pays s'inquiète, les esprits s'agitent, et cependant le pouvoir semble tranquille. Est-ce que le pouvoir et le pays auraient des intérêts différens ?

On paraissait bien d'accord, en partant. On s'est divisé depuis. Revenons au point de départ, et tâchons de voir qui a fait fausse route.

Sous la dynastie déchue, un principe dominait, moins dans la forme que dans l'esprit du gouvernement.

Son action sourde, lente, mais continue, était le point d'attaque de l'opposition, qui l'appelait *gouvernement occulte*, faute d'une meilleure définition. Ce principe, éminemment stationnaire, tendait à arrêter, en le comprimant, le mouvement progressif de la société. Sa nature aristocratique le rendait nécessairement hostile à nos lois et à nos mœurs. Aussi, depuis le retour des princes de cette dynastie, avait-on repris les formes et le langage de la vieille cour, tandis que, attaquant sans relâche le pacte de nos garanties octroyées, le gouvernement profitait de chaque circonstance pour substituer le privilége au droit commun.

Comment et à quelle époque s'introduisit chez nous ce principe évidemment contraire à la nature des choses ? à la suite de l'invasion étrangère, comme une condition imposée aux vaincus. Au milieu de la paix universelle, les Bourbons, ramenés par l'étranger, furent constitués en état de guerre avec le pays. Cette politique, qui semblait exclure nos intérêts de ceux du continent, avait pour but de forcer la France à rentrer peu à peu dans l'état normal de la société européenne, état dont elle était sortie par la révolution de 1789.

L'aristocratie, reste de l'ancienne féodalité, maîtrisait encore toute la vieille Europe, lorsque l'assemblée constituante la bannit de notre législation. Les hommes d'état de ce temps savaient obéir aux nécessités d'une époque. Or, en France, la société, devançant le terme de son émancipation légale, avait proclamé un principe diamétralement contraire au principe aristocratique, celui de l'égalité. Impuissante contre l'atteinte des mœurs, l'aristocratie trouva des armes contre les attaques de la législation. On se souvient comment elle fit intervenir le trône dans sa querelle, et comment le trône, d'abord imprudemment compromis, fut enfin violemment renversé.

Partout dominée par l'influence aristocratique, la royauté se vit partout entraînée dans une lutte d'intérêts qui n'étaient pas les siens. Cette lutte, longue, sanglante, et dont la fortune se plut à varier les accidens, cette lutte finit par le triomphe des vieilles monarchies de l'Europe sur la nouvelle monarchie de l'empire.

Cependant, au milieu de nos désastres, nos lois nous restaient. Nos revers, en humiliant notre orgueil, n'avaient pas changé nos mœurs. Les puissances victorieuses pouvaient être satisfaites, mais l'aristocratie comprit qu'elle n'avait vaincu qu'à demi.

Resserrés dans nos anciennes limites, sans armée, sans places fortes, épuisés par d'énormes contributions militaires, nous étions, il est vrai, à la merci de tout le monde ; mais, quoique séquestrés, en quelque sorte, de la grande famille européenne, nous portions en nous-mêmes le germe d'un mal dont elle redoutait la contagion. Une société sans distinction de castes ! une législation sans priviléges ! cette anomalie devait disparaître n'importe à quel prix. Or il semblait plus facile de ramener la France à l'état de l'Europe que de refaire l'antique et féodale Europe sur notre récente émancipation.

Voilà le fait primitif auquel se rattachent, comme à leur commune origine, tous les faits politiques des deux derniers règnes. La couronne, ravalée à une sorte de vasselage, obéissait à l'étranger comme à son suzerain. On lui intimait du dehors la direction de son administration intérieure. Le moindre de ses actes avait besoin d'une sanction. Lois, police, armée, commerce, industrie, tout était soumis à un contrôle. Le gouvernement n'avait pas le choix de ses ministres; ceux-ci n'avaient pas celui de leurs agens.

On a souvent tenté d'expliquer, par le souvenir des temps passés, le peu de sympathie qui régnait entre la France et la dynastie déchue. C'était bien assez des engagemens que ses princes avaient depuis peu contractés. C'était beaucoup trop que de tenir de pareils engagemens avec une fidélité aussi scrupuleuse.

Ainsi se révèle un secret qui justifie de naturelles répugnances. Ainsi ce n'est plus un mystère que la cause de cette collision de deux intérêts joints ensemble, il faut le dire, sous de funestes auspices, mais que le spectacle de malheurs communs semblait propre à réconcilier. Dès-lors tout se conçoit, et la conspiration des pouvoirs de l'état contre ses institutions, et la bassesse de notre politique extérieure sacrifiant aux exigences de l'étranger les élémens de la prospérité publique, et jusqu'à l'honneur du nom français. Tout se conçoit, disons-nous, et le mécontentement du pays, et ses préférences pour l'opposition la moins mesurée.

En effet, la popularité n'était pas seulement un hommage rendu au talent qui plaidait pour la liberté; comme par un pressentiment de l'inutilité des résistances légales, cette popularité s'attachait à quiconque osait braver le pouvoir. Quand le peuple, sans chef, sans direction et presque sans armes, est parvenu en trois jours à briser de ses mains le joug de ses oppresseurs, il a compris que sa faveur ne pouvait plus désormais être le prix de pareils services. Lui, il avait reconquis ses droits; d'autres devaient assurer sa conquête. Dès que ces droits ont été garantis par la création d'un pouvoir émané du sien, on l'a vu abdiquer sur-le-champ l'exercice de la force, et rentrer dans le régime des lois. Évidemment la révolution de juillet est un triomphe de principe.

Ne serait-elle, comme quelques-uns le prétendent, qu'un simple changement de personnes ? En d'autres termes, hormis les hommes déjà éloignés de l'administration de l'état, et sans doute aussi sauf

- les modifications imposées jusqu'ici par les circonstances, faudrait-il désormais s'interdire toute espèce de changement? Si l'on a égard au fait le plus important de la révolution (celui de la royauté populaire), on verra que ce fait implique la nécessité de bien d'autres réformes. Ce n'est pas seulement le roi Philippe mis à la place du roi Charles; c'est le droit du peuple substitué au droit divin. Ces droits, les hommes d'état ne sauraient ni les décliner tous les deux ensemble, ni tenter d'en faire la combinaison. Leur nature, comme celle de deux principes contraires, est de s'exclure l'un l'autre, sans que le raisonnement puisse admettre aucune analogie dans leurs conséquences.

L'inutile expérience, faite naguère au Luxembourg, a mis en scène, sans aucun danger pour l'ordre public, mais non sans scandale, des ministres accusés et punis d'avoir violé les lois de leur pays, et fait répandre le sang des citoyens. On a parlé d'humanité sur la tombe à peine fermée de leurs victimes. Un tribunal souillé de l'assassinat juridique d'un brave, n'a pas trouvé, contre la prévarication et le meurtre, d'autre peine que la captivité. Des soldats ont péri dans l'exécution d'un si horrible attentat, et leur mort a paru une compensation, ou, si l'on veut, une expiation suffisante. Du reste, pas un des nombreux instrumens du crime n'a été mis en accusation.

Puisque la justice s'est crue satisfaite par le châtiment infligé aux coupables, la politique a pu fermer les yeux sur l'impunité laissée à leurs complices ; mais à l'égard de ceux-ci , fallait-il les accueillir, se jeter dans leurs bras ? Quelle confiance pouvait inspirer l'hostilité de leurs dispositions ? Singuliers auxiliaires pour l'élu du peuple, que les serviteurs d'un roi chassé par le peuple ! Peut-être la générosité défendait de les poursuivre ; mais , à coup sûr, la prudence commandait de les exclure. Leur participation à toute action du pouvoir était une faute, parce que s'il arrive quelquefois qu'on soit trahi par les siens , il n'arrive jamais d'être sûrement servi par ses ennemis. Enfin, puisque l'exemple de l'ancienne cour n'avait pas dégoûté des dangers d'une cour nouvelle, tout souvenir des Tuileries devait être banni du Palais-Royal. Un changement de personnes devenait nécessaire dans les pouvoirs de l'état et dans l'administration, par cela seul que la personne du roi avait été changée, et avec elle le principe ou le droit de la royauté.

Non, ce n'était point là, comme on affecte encore aujourd'hui de le dire, le but des hommes de la révolution : c'en était le moyen, et le moyen nécessaire ; car, sans eux, quelque chose qu'on fasse, le succès de la révolution, et avec lui le salut de l'état, est infailliblement compromis. Avec eux, au contraire, on eût mis un rapport rationnel entre les hommes et les choses, et alors il eût été indifférent de définir la révolution de juillet un changement de personnes, ou un triomphe de principes, parce que le même fait eût été également bien exprimé par l'une ou par l'autre définition. Il n'en est pas ainsi, comme on voit. Pourquoi cela ? Tâchons de l'expliquer.

La force, en repoussant l'agression de la tyrannie, avait détruit le pouvoir royal, et avec lui tous les pouvoirs qui émanaient de la royauté. L'instinct de la conservation, l'influence de quelques noms, et surtout l'admirable modération du peuple après sa victoire, maintenaient l'ordre public dans la société, au milieu même de la dissolution de l'état. Toutefois, chacun sentait le besoin de sortir promptement d'une crise dans laquelle tout était compromis, parce que rien n'était arrêté. Alors tout le monde était peuple. Aussi le premier vœu qui se fit entendre fut un vœu d'intérêt commun : *Garanties pour l'ordre public et pour la liberté, dans un meilleur ordre de choses.*

Quelques hommes, devenus populaires par la constance et le courage de leur opposition, avaient osé, sans autre mandat que le noble mouvement de leur cœur, intervenir, dans le dernier acte du dernier règne, entre les oppresseurs et les opprimés. On sait quel fut le résultat de leur intervention. Ils inspirèrent de la défiance à la cour, et n'obtinrent d'un trône qui s'écroulait que des concessions tardives. Le peuple les accueillit comme ses amis. Se confiant à ceux qui venaient d'avoir le courage de faire entendre ses plaintes, il eut la générosité de les prendre pour arbitres de ses intérêts.

Dans les circonstances, cette mission était urgente et grave; mais le concours des volontés la rendait facile. Pour la reconnaître légitime, il n'y a qu'à se rappeler ce cri de guerre de la France indignée, se levant tout entière pour repousser les ordonnances de juillet. Paris, attaqué le premier décida seul du combat. Ce fut une bataille gagnée par l'avant-garde. L'armée ne répudia ni la victoire, ni les avantages que les vainqueurs devaient en retirer.

Ces avantages, on l'a dit, étaient : un prompt retour au régime des lois, des garanties pour les libertés publiques, en un mot, un meilleur ordre de choses. Les hommes que le peuple avait honorés de sa confiance ne la trompèrent pas. Ils comprirent que le premier besoin du corps social livré à lui-même, était l'exercice légal d'un pouvoir plus régulier que le sien. En créant ce pouvoir, ils en firent dériver le droit de la société, source de tout pouvoir légitime, et ils appelèrent au trône un roi-citoyen. Peu importait la forme. Dans un acte de cette nature, et sous l'empire d'une si pressante nécessité, la présence des débris des anciens corps de l'état pouvait peut-être ajouter à la pompe de la cérémonie, mais elle n'en rendait pas la forme plus régulière, il faut bien en convenir, ni le droit plus saint. Au fond, la royauté nouvelle reçut le caractère de la plus auguste légitimité, et celle-là lui suffit, la sanction de la patrie.

On avait trouvé de la sorte, dans la royauté, un moyen d'ordre puissant, et dans la personne du prince les conditions les plus propres à satisfaire nos espérances. Maintenant fut-ce un bien, fut-ce un mal que le secret des négociations de Neuilly? Il est permis de croire qu'on n'eût rien perdu à leur donner plus de solennité. Un moment d'hésitation, pardonnable assurément dans les conjonctures, ne pouvait porter atteinte à la popularité de toute une vie. Du moins, en l'absence d'intermédiaires secrets, personne n'eût osé se faire un mérite de son influence sur une détermination qu'on devait croire inaccessible à des conditions d'intérêt privé.

Le fait de cette royauté si heureusement improvisée domina dès l'instant toute la révolution. Seul pouvoir légitime de l'état, elle devenait par la force des choses pouvoir constituant. Les conditions de son existence, et la force sur laquelle elle s'appuyait, lui faisaient un devoir de la dictature, sans que la liberté dût en prendre ombrage. D'ailleurs, la confiance eût alors rendu toutes choses faciles, car les avenues du trône étaient gardées par les hommes de juillet.

La dictature de la couronne se bornait à un seul acte, la réforme du système électoral. La loi électorale, l'arme la plus puissante de l'ancienne tyrannie, n'a jamais produit une sincère représentation du pays. La chose ne saurait être différemment, car ses dispositions sont essentiellement contraires à sa fin. Introduite comme élément démocratique dans l'action des pouvoirs de l'état, elle n'appelle à la chambre élective que l'aristocratie de la société. Instituée comme moyen de contrôle des actes de l'autorité, elle est abandonnée à toutes les influences du gouvernement. Nul acte n'aurait été accueilli par autant de bénédictions, nulle mesure n'eût évité autant de dissentimens, comme la convocation des colléges électoraux sur une base plus rationnelle et par conséquent plus équitable. Les conseillers de la couronne ne l'auraient pas mesquinement rétrécie, et la reconnaissance du peuple l'eût trouvée assez large, parce que, dans ces circonstances, les élections ne pouvaient être partout que l'expression de ses vœux. Voilà ce qu'avait promis la révolution de juillet comme une de ses plus immédiates conséquences. Au lieu de cette marche simple et légale, on s'est jeté dans un labyrinthe d'erreurs et de contradictions.

Nous avons vu précédemment que le trône avait entraîné dans sa chute les autres pouvoirs de l'état; mais que la royauté rétablie par le peuple, après avoir tout fait rentrer dans l'ordre, avait, la première, recommencé le régime des lois. Si une chambre, dispersée par la crainte aux jours du danger et accourue incomplète après la victoire, est intervenue dans une transaction passée par les parties contractantes elles-mêmes (le peuple et le prince), il est permis de douter que son intervention fût nécessaire. Qu'elle nous dise si son absence eût infirmé la légitimité du trône, ou si, pour l'avoir signé, le contrat en est devenu plus saint ? Élue en vertu d'une loi vingt fois violée, appelée sous l'empire d'un pouvoir déchu, pouvoir déchu elle-même, n'a-t-elle pas vu, depuis le 7 août, l'opinion publique repousser ses actes, répudier ses doctrines, et réclamer sans cesse une plus légale et plus populaire représentation ? Telle est la première cause de l'inquiétude et de l'agitation des esprits. On va voir quelle influence puissante cette cause exerce sur le système du gouvernement, système que les ministres s'obstinent à suivre et que le pays s'obstine à frapper de sa réprobation.

En jetant les yeux sur la composition de la chambre élective on aurait pu, il y a six mois, présager ses dispositions dans tel événement donné, et prédire quelle serait sa conduite. Le grand principe de la résistance légale était le développement extrême de son énergie politique. Quand les fatales ordonnances ont paru, l'idée de la défense à main armée n'est entrée que dans la tête du peuple ; aussi lui seul a-t-il combattu. Dans ces jours de crise la chambre avait disparu. Revenue après le danger, elle s'est empressée d'offrir son concours à la création de la royauté populaire. Dès ce jour la royauté s'est placée sous son influence, sans réfléchir que la chambre avait perdu son pouvoir et conservé son esprit.

L'exercice d'un pouvoir qu'elle n'avait plus n'était qu'une infraction aux lois, mais l'entêtement d'un esprit resté en arrière de la révolution la mettait en hostilité avec le pays et avec la couronne. On peut en faire l'observation dans chacun de ses actes. La conservation de la pairie au moyen de sa mutilation, l'inamovibilité de la magistrature, en face des précédens de l'empire et de la restauration, ces premiers pas dans la dictature que s'arrogeait la chambre élective, furent-ils suffisamment compensés par le mérite d'une déclaration de déchéance? La déchéance de l'ancienne dynastie était un fait patent, et, quant au droit, le peuple l'avait assez solidement établi. Néanmoins, tenons compte de tout. Dans cet acte inutile il est un incident auquel, dans certaine opinion, on attache un grand prix. Si le dépôt aux archives du royaume d'une abdication qui transmet des droits fort éventuels a généralement paru jusqu'ici une chose insignifiante, aujourd'hui il ne tient pas à la direction qu'on donne aux affaires que l'éventualité de ces droits n'acquierre chaque jour plus de probabilité de succès.

La chambre, qui eût fait excuser son usurpation par sa popularité, a pris à tâche de combattre, en toute rencontre, nos intérêts à tous, et jusqu'à nos sympathies. La presse, pour quelques vérités qu'elle a fait entendre, a été punie des immenses services qu'elle avait rendus. La garde nationale, qui a sauvé la France, non pas seulement par le maintien de l'ordre intérieur (on sait bien que de ce côté elle n'a jamais été sérieusement menacée), mais par l'impression morale que son noble enthousiasme a faite sur l'étranger, la garde nationale s'est vue comprimée dans son élan, suspectée dans ses chefs, et désorganisée dans son institution. Qu'on dise maintenant ce que le trône a gagné d'affection, le ministère de force, et le pays de bien-être, dans un système aussi malheureusement conçu que malheureusement exécuté.

Néanmoins, tels sont les sentimens généreux de cette France si mal comprise, que tout ce que l'incurie ou l'intrigue, l'impéritie ou la mauvaise foi ont accumulé sur elle de mesures funestes, la contriste bien moins encore que le sombre avenir qui la menace, et avec elle les peuples appelés par son exemple à une juste liberté. Cet instinct des masses, qui ne trompe jamais, semble dire à chacun que notre cause est partout où s'élève un conflit entre des hommes qui réclament des droits semblables aux nôtres, et des maîtres impérieux qui n'y répondent (comme naguère on nous faisait à nous) que par des menaces de mort.

On le dit à qui veut l'entendre, et jusqu'à ce que tout le monde en soit convaincu, il ne faut pas se lasser de le répéter, les assurances diplomatiques sont une faible garantie des dispositions des princes, moins encore de celles de leurs cabinets. Dans les pays absolus, si les rois régnaient par eux-mêmes, ils concevraient sans peine que l'affranchissement des peuples peut toujours se faire au profit de l'autorité. Les libertés publiques sont le plus sûr contrepoids de l'aristocratie, et, tutelle pour tutelle, mieux vaut encore au trône la force du peuple que les intrigues des grands. Mais la royauté n'en est pas à ce point. Comme par le passé, une puissance supérieure à la sienne l'entraîne, malgré elle, dans une lutte d'intérêts qui ne sont pas les siens. Quelles que soient les pacifiques dispositions des rois et des peuples, il faut que peuples et rois se fassent la guerre. Et pourquoi ? pour résoudre enfin une question débattue depuis un demi-siècle, au prix du sang de plusieurs millions d'hommes; question toute sociale, et par conséquent étrangère à la royauté. *L'Europe, par la féodalité, rétrogradera-t-elle vers la barbarie ? ou bien marchera-t-elle vers le perfectionnement par la liberté ?* Voilà l'iné-vitable alternative où nous a conduits la force des choses.

Sans une grande pénétration on pouvait facilement comprendre ce qu'il y avait d'hostile pour l'aristocratie européenne dans notre révolution de juillet. Il était donc naturel de s'attendre à une rupture plus ou moins prochaine avec les puissances dont elle dirige les cabinets. Afin de se soustraire à cette conclusion, rationnelle pour des esprits logiques, mais accablante pour des cœurs pusillanimes, nos hommes d'état ont cru se tirer d'embarras en niant ce qu'il y avait de plus évident au monde, l'hostilité du principe. Il a fallu rendre plausible cette dénégation, et l'on s'y est pris de la sorte : A l'étranger, on a dit que rien dans les traités, rien dans nos rapports avec lui ne serait changé. C'était la question de notre indépendance résolue contre nous. Au pays, on a dit que les changemens de personnes bouleverseraient la société, et que des principes nouveaux ne pouvaient avoir que des conséquences tardives. C'est la question de nos libertés indéfiniment ajournée.

Si l'indignité d'une aussi misérable politique n'a pas excité partout des soulèvemens, c'est que son absurdité même en a fait justice. Notre diplomatie peut bien continuer à faire entendre dans les cours étrangères un langage humble et soumis; elle peut répudier la gloire des journées de juillet, et souffrir qu'on qualifie de déplorables les événemens auxquels nous devons notre émancipation; la diplomatie, quelque idée qu'on se fasse de son importance, n'est pas appelée à exercer une grande influence sur nos destinées, à moins qu'on n'estime beaucoup l'indécision, au milieu des déterminations arrêtées, et l'intrigue, dans des affaires exposées à la publicité. Au temps où nous sommes les choses vont leur train sans les hommes qui se croient nécessaires, et malgré les hommes qui se disent forts.

Le premier ministère sorti de la révolution pouvait tirer un grand parti de la situation que la fortune lui avait faite, bien que cette situation, au premier coup-d'œil, semblât précaire. *Agir au dedans* et *s'abstenir au dehors*, toute la politique était là. Lui, il l'a prise au rebours. Le mouvement intérieur, ce mouvement d'enthousiasme et de vie, on l'a bien vîte comprimé comme chose dangereuse. Partout ailleurs on s'est étrangement démené. On a mendié la reconnaissance d'un fait dont on répudiait la cause; on a fait des protestations de dévouement à des gens qui nous repoussaient; on s'est lié par des engagemens qui laissaient (nous exceptés) tout le monde libre. Que n'a-t-on pas fait, hormis ce qu'il était convenable de faire?

A notre exemple, la Belgique est glorieusement sortie, par le courage de sa population, de l'état anti-social où l'avait réduite le congrès de Vienne, et dans lequel la maintenait le joug des Nassau. Même langue, mêmes lois, mêmes souvenirs d'indépendance et de gloire, toutes les sympathies nous attiraient vers elle. Besoin réciproque d'échanges, territoire contigu, tous les intérêts l'unissaient à nous. Le peuple belge s'indignait d'être devenu le geolier de la France; il voulait redevenir son ami. Les forteresses dont l'Europe, notre ennemie, a hérissé sa frontière, il nous en ouvrait les portes. Eh bien! le ministère repousse la Belgique. Comme il faut que la Pologne périsse (1), il faut aussi que la Belgique se consume en efforts impuissans, jusqu'à ce que, épuisée et livrée sans défense à l'Angleterre et à la Prusse, elle retombe sous le sceptre légitime des Nassau. Alors l'Europe, mieux avisée, tiendra elle-même garnison dans Tournay, dans Mons, dans Namur, ainsi qu'elle fait dans Luxembourg; et nous, si la France n'est pas effacée du continent après une troisième invasion, qui certai-

---

(1) Expression du discours du ministre des affaires étrangères lu dans la séance du mercredi 25, à la chambre des députés.

nement sera la dernière, nous acquitterons fidèle-
ment, mois par mois, la solde de ces garnisons
étrangères, et ce qu'il en coûtera pour leur entretien.

Cet avenir, qui n'échappe à la prévision de personne, si ce n'est à celle de nos hommes d'état, cet
avenir ne s'accomplira pas sans de généreuses résistances; mais il faut avouer que le moyen imaginé
pour les prévenir serait la plus cruelle des décep-
tions, s'il n'en était la plus ridicule. Que dirait-on
d'un homme grièvement blessé, et presque épuisé
par la fatigue d'un long combat, qui, rappelant sou-
dain un reste de force, porterait vivement la pointe
de l'épée sur la poitrine de son ennemi? Appellera-
t-on cet homme un assassin, parce qu'il défend son
honneur et sa vie? Faudra-t-il que, brisant lui-même
son épée, il se mette à la merci de son ennemi?
C'est là pourtant l'image de la révolution morale de
l'Europe. Cette épée que les premiers nous avons
saisie, c'est la liberté qui partout se lève pour défendre les opprimés contre les oppresseurs. A nous,
on nous crie de suspendre nos coups, de remettre
l'épée dans le fourreau, de la briser comme une
arme dangereuse; et, une fois désarmés, on con-
sentira peut-être à nous tendre la main. Ceux qui
seraient tentés d'imiter notre exemple, on les gour-
mande avec colère, et l'on menace avec fureur ceux
qui déjà l'ont suivi. On fait contre eux des apprêts
formidables. Moins nombreux que nous, mais non
moins vaillans, ils vont succomber les uns après les
autres jusqu'à ce que, restés seuls en face d'irré-

conciliables ennemis, nous succombions enfin les derniers. L'humanité, la prévoyance, l'instinct de notre salut, tout nous parle pour eux; mais les peuples ont-ils le droit de s'aider? La politique ne reconnaît de coalition légitime que celle des princes. Aussi la diplomatie de Londres a-t-elle prudemment obvié à un grand scandale. Le droit public de l'Europe lui doit un nouveau principe, celui de *non-intervention*. Ce principe divise les peuples, parce que celui de la Sainte-Alliance n'était plus assez fort pour unir les rois. Ne voit-on pas maintenant quelles espérances de paix l'avenir nous prépare? Les assurances diplomatiques ne sont-elles pas une garantie bien puissante contre l'imminence d'un tel avenir (1)?

Ainsi, égaré par de funestes illusions, le ministère ne court pas seulement à sa perte, il compro-

---

(1) Les protocoles, en style de chancellerie, sont des déclarations collectives qui n'infirment aucunement les dispositions des traités antérieurs.

Si l'on veut d'ailleurs se faire une idée exacte de la garantie offerte par les protocoles de Londres, il faut observer que le prince de Lieven, ambassadeur de Russie, n'en a signé aucun depuis un mois sans la clause restrictive *ad referendum*.

Quant au principe de non-intervention, il va porter son fruit. Il n'a retenu les Prussiens d'entrer en Belgique que pour nous défendre l'occupation de ses places fortes; mais comme l'Autrichien ne nous craint pas en Italie, des ordres viennent d'être donnés à Vienne pour faire marcher des troupes sur Modène.

met encore les plus graves intérêts qui aient été remis entre les mains des hommes. Libres d'influence extérieure, la discussion de nos lois et la marche du gouvernement pourraient, en des temps ordinaires, vivement agiter l'opinion, mais non lui causer une inquiétude aussi profonde. Un cens plus ou moins élevé, dans le système électoral, un peu plus ou moins de démocratie dans les principes des hommes du pouvoir, n'ébranleraient pas la société jusque dans ses fondemens. Le plus grand inconvénient qui pût en résulter pour l'état, serait l'ajournement de ses améliorations, en supposant que l'expérience vînt à condamner les dispositions introduites. D'où vient donc la haute importance que l'on attache à cette question du cens? Comment expliquer cet instinct du pays, qui voit dans cette question celle de sa propre existence? C'est que le pays s'obstine à répudier pour ses mandataires les ennemis de ses libertés; c'est qu'il appelle de tous ses vœux une chambre qui le représente, au lieu d'une autre qui ne le représente plus.

Pourquoi le taire? la France ne saurait s'accommoder d'un simulacre de liberté, non plus que d'un simulacre d'indépendance. Il lui en faut la réalité. Il les lui faut ensemble, sous peine de tout perdre, parce que sans liberté, point de prospérité publique, et sans indépendance, point de liberté. L'expérience du passé est là pour lui dire que toute autre garantie que celle de la force est une garantie vaine. Ce qui est fort est toujours juste. Il n'y a de

droits reconnus que ceux que l'on ne peut impuné-
ment attaquer.

Résumons : la révolution de juillet fut le triomphe
d'un principe contraire au principe dominant de
l'Europe. Nos mœurs démocratiques repoussèrent
victorieusement l'invasion de l'aristocratie, que le
pouvoir royal tentait d'introduire dans la législa-
lation.

Le premier acte de cette révolution promulgua
solennellement à la face du monde la punition d'un
parjure et la sainteté d'un nouveau serment.

Le pays crut voir l'ère de sa liberté dans les engagemens de la couronne, et celle de son indépendance dans le développement spontané d'une im-
mense force morale.

Les cabinets étrangers, pris au dépourvu, furent
consternés; car, beaucoup mieux que nos hommes
d'état, ils entrevirent toute la portée de l'exemple
sur leurs propres populations.

Dans ces conjonctures, les conseillers du prince
ne montrèrent ni caractère ni capacité : ni caractère, puisqu'ils ne virent qu'avec effroi l'insuffi-
sance de nos ressources matérielles; ni capacité,
puisque dans la lutte inévitable de nos intérêts
nouveaux avec les intérêts anciens de l'Europe, ils
imaginèrent trouver un système de conciliation.
Ainsi s'explique toute leur politique ultérieure. Pour
conjurer au dehors le danger d'une agression sou-
daine, ils ont fait désavouer par leur diplomatie et
le principe et les conséquences de la révolution.

Un désaveu aussi imprudent ne pouvait avoir que des résultats funestes. Le ministère, afin de paraître conséquent, a dû prendre l'engagement d'arrêter le mouvement intérieur, et de le combattre. Les puissances étrangères, rassurées sur l'unique sujet de leurs craintes, ont eu le temps de s'entendre; et quand l'insurrection de la Belgique est venue nous donner nos premiers auxiliaires, elles ont su nous attirer à Londres sur le terrain des discussions d'intérêts communs.

Au lieu indiqué pour les conférences, et au choix du plénipotentiaire, on a pu prévoir le désavantage que nous aurions dans ces discussions, et l'issue qu'il en faut attendre.

Pour nous, le désavantage des discussions diplomatiques est dans le principe même que nous avons invoqué. Nous reconnaissons la solidarité des cabinets dans l'exécution des traités que la force nous a imposés, et lorsque une autre force vient nous en affranchir, nous répudions la solidarité des peuples, en vertu du principe de non-intervention.

L'issue des conférences de Londres ne saurait être douteuse. Pendant que la diplomatie s'occupe d'oiseuses combinaisons, le temps marche au profit de ceux qui prévoient l'avenir, au détriment des hommes sans prévoyance.

Quelque juste que soit la cause de la liberté, elle succombera sous les attaques combinées d'ennemis moins nombreux et moins vaillans que ses défenseurs. Isolés, ceux-ci périront les uns après les autres, non sans gloire, mais sans succès.

La Pologne, noyée dans des flots de sang, sera le premier acte de la réaction contre les intérêts populaires.

La Belgique, livrée à elle-même, retombera par l'anarchie sous le joug des Nassau.

La France, enfin, qui avait donné le signal de l'émancipation de l'Europe, sera punie la dernière, et d'autant plus sévèrement, qu'elle avait inspiré plus de crainte.

Une troisième invasion n'aura pas pour objet de refaire un trône légitime, et de réprimer la démocratie de nos lois. Il faudra en finir avec une nation qui depuis quarante ans trouble la paix du monde, et c'est dans le démembrement de son territoire qu'on cherchera des assurances pour l'avenir.

Ces prévisions ne sont pas celles des hommes du pouvoir; on le voit bien à leur assurance.

Elles sont celles du pays, on ne le voit que trop à son inquiétude et à son agitation.

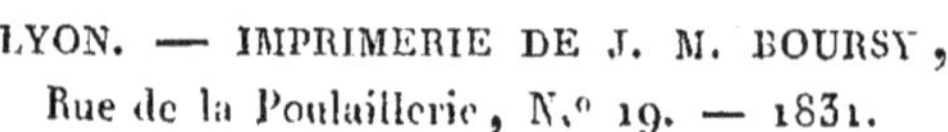

FIN.

LYON. — IMPRIMERIE DE J. M. BOURSY,
Rue de la Poulaillerie, N.º 19. — 1831.